預貯金口座付番に対応！

金融機関の
マイナンバー
取扱い実務

近代セールス社

はじめに

　2016年1月から、マイナンバー制度の本格的な運用が始まりました。これに伴って、従業員が勤務先にマイナンバーを提供したり、ハローワークでの手続にマイナンバーが必要になったり、支払調書を提出する取引先からマイナンバーの提供を受けたりと、様々な場面でマイナンバーが取り扱われるようになっています。

　その中でも、とりわけマイナンバーを取り扱う場面が多いのが金融機関です。NISAや特定口座を含む証券取引や海外送金の場面など、お客様のマイナンバーを取り扱う場面が多くあるからです。さらに、2018年1月からは、預貯金口座への付番が始まり、個人が保有する預貯金口座について、マイナンバーの提供を受け、氏名、住所、預貯金額等の情報（預貯金者等情報）をマイナンバーをキーにして検索できるように管理する義務が課されることになりました。これにより、マイナンバーを取り扱う場面が飛躍的に増えてきています。

　マイナンバー法には、マイナンバーを取得してもよい場面、提供してもよい場面などに厳しい規制がありますし、マイナンバーが漏えい等しないための措置（安全管理措置）は高度なものが求められています。マイナンバーを取り扱う際には、このような規制に違反しないよう慎重な対応が必要になります。

　本書では、マイナンバー法や税法の規制に基づいて、金融機関の行職員に求められるマイナンバー対応を実務的な側面から解説しました。間違いのない実務を構築し運用する一助になりましたら幸いです。

2018年2月

影島 広泰

Contents

Chapter.1
金融業務におけるマイナンバーの取扱いルール 　04

1. マイナンバー制度とは ・・・・・・・・・・・・・・・・・・・・・・・・・ 04
2. 金融機関がマイナンバーを利用することができる場面 　07
3. 預貯金口座への付番 ・・・・・・・・・・・・・・・・・・・・・・・ 11

Chapter.2
Ｑ＆Ａで学ぶ　個人番号取得の実務と注意点 　16

Q1 利用目的の明示はどのように行えばいいですか？ ・・・・・・ 16

Q2 本人確認手続きの進め方と、
　　注意すべきポイントを教えてください ・・・・・・・・ 19

Q3 マイナンバーを取得するにあたり、
　　お客様に伝えておくべきことは何ですか？ ・・・・・・ 22

Q4 不正にマイナンバーを収集しないよう注意すべきことは何ですか？ ・・ 26

Q5 お客様から申し受けたマイナンバーカードや
　　通知カード、身元（実在）確認書類の取扱いで
　　注意すべきことはありますか？ ・・・・・・・・・・ 29

Q6 お客様の自宅や勤務先で、マイナンバーを取得する場合に
　　注意することはありますか？ ・・・・・・・・・・・・・ 31

Q7 マイナンバーを郵送で提供してもらう場合の
　　注意点は何ですか？ ・・・・・・・・・・・・・・・・・・・ 34

Q8 マイナンバーの廃棄・削除はどのように行うのですか？ ・・・・・・ 36

Chapter.3
マイナンバーの提供を断られたときの対応法 　38

1. お客様に対する説明 ・・・・・・・・・・・・・・・・・・・・・・・・・ 38
2. 提供拒否の記録と継続的な声かけ ・・・・・・・・・・・・・・・ 43
3. 証券口座等でマイナンバーを取得済みの場合 ・・・・・・・・ 45

Chapter.4
こんなときどうする？　ケース別対応法　　46

Case 1 「何のためにマイナンバーが必要なのか」と聞かれた ……… 46

Case 2 「自分のマイナンバーを教えてほしい」と言われた ……… 48

Case 3 「身元（実在）確認書類を忘れた。通知カードしかないが
何とかしてほしい」と言われた …………………… 50

Case 4 「通知カードが届いていない／なくした」と言われた ……… 53

Case 5 「マイナンバーを提出する必要があるなら
口座開設しない」と言われた ……………………… 55

Case 6 既存口座のあるお客様の住所変更の手続で
「マイナンバーカード等を持っていない」と言われた ……… 57

Case 7 マイナンバーの届出時、夫の代理人として妻が来店した … 59

Case 8 未成年者の新規口座開設で、親権者と子供が来店した …… 61

Case 9 「海外に居住しているのでマイナンバーがない」
と言われた ……………………………………… 63

Case 10 「マイナンバーが変わった」と言われた ……………… 65

Chapter.5
法人取引における法人番号取得のルールと注意点　　66

1. 法人番号が必要な取引 ………………………………… 66

2. 法人番号の本人確認書類とは ………………………… 69

3. 法人番号の告知義務と取扱い上の留意点 …………… 74

4. 法人番号の業務での活用 ……………………………… 75

Chapter.1

金融業務における
マイナンバーの取扱いルール

1. マイナンバー制度とは

● 何のための制度なのか

　2016年1月から、マイナンバー制度（社会保障・税番号制度）の運用が始まりました。

　マイナンバー制度とは、「社会保障」「税」及び「災害対策」の行政手続においてマイナンバー（個人番号）を利用することで、以下の3つのメリットを生み出そうという制度です。

①「公平・公正な社会の実現」

　例えば、失業した方が国民年金の保険料の免除の申請をした際に、年金事務所がハローワークに就業の状況を問い合わせることなどができるようになり、不公正な取扱いを防ぎやすくなります（図表1）。

②「行政の効率化」

　これまでは、それぞれの行政機関が同じ情報を重複して入力・保有するなど、行政事務には多くの無駄が発生していました。マイナンバー制度の下では、行政機関が情報を共有できますので、そのような無駄を省くことができます。

③「国民の利便性の向上」

　行政機関に書類を提出する際に、添付書類を要求されることがしばしばあります。例えば、国民年金の第3号被保険者の資格取得届を提出す

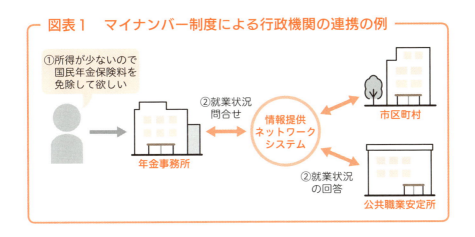

図表1 マイナンバー制度による行政機関の連携の例

る際には、添付書類として住民票と所得証明書類などが必要となります。マイナンバー制度の下では、日本年金機構等が問い合わせをすれば住民票の情報や所得の情報が手に入りますから、このような添付書類が不要となります。

　また、政府が「マイナポータル」というウェブサイトを立ち上げており、ここで行政機関が保有している自分の情報を確認したり、行政機関からのお知らせを受け取ったりすることができるほか、例えば、保育所の申請をワンストップで行うといったことができるようになります。

● 行政機関が情報を一元的に管理する？

　マイナンバー制度の下でも、各行政機関等が保有する情報は今までどおり分散して管理する状態を維持することになっており、情報を一元的に管理することは予定されていません。

　マイナンバー制度が始まる前から、例えば、国税庁は所得や納税額の情報を、市町村は住所に関する情報をそれぞれ保有していますが、これらの情報が1つのサーバに集められて一元的に管理されるわけではありません。一元的に管理してしまうと、万が一情報漏えいした際に大変な

ことになってしまうからです。今までどおり、各行政機関が情報を分散して管理したまま、情報の問い合わせ（連携）だけを行うようにするのが、マイナンバー制度における「情報連携」です。

● マイナンバー（個人番号）と法人番号

　マイナンバー（個人番号）とは、住民票を持つ者に付番される12桁の数字です。日本に住民票があれば付番されますから、国籍は関係ありません。逆に、日本国籍の方であっても、海外に赴任していて住民票がない方にはマイナンバーはありません（この点は将来改正される見込み）。

　これに対し、法人番号は、会社をはじめとする法人などに付与される13桁の数字です。マスメディアでは「企業版マイナンバー」などと呼ばれています。法人番号については、これから解説する利用や保管等の規制の対象外です。利用や保管等に注意しなければならないのはマイナンバー（個人番号）だけです。

● マイナンバー（個人番号）と特定個人情報

　マイナンバー法では、「個人番号をその内容に含む個人情報」のことを「特定個人情報」と呼びます。

図表2　特定個人情報

Chapter.1　金融業務におけるマイナンバーの取扱いルール

2．金融機関がマイナンバーを利用することができる場面

● マイナンバー法の仕組み

　マイナンバー法の正式名称は、「行政手続における特定の個人を識別するための番号の利用等に関する法律」です（以下、「マイナンバー法」または「法」という）。この名称からも分かるとおり、マイナンバーとは「行政手続」で使う番号です。行政手続で使う、特定の個人を識別する番号が、マイナンバーなのです。民間企業がビジネスなどで使う番号ではありません。

　マイナンバーの利用等には、厳しい制限があることはご承知のとおりです。この点についてのマイナンバー法の定めはどのようになっているでしょうか。

　マイナンバー法では、金融機関を含む民間企業等（マイナンバー法では「個人番号関係事務実施者」）は、マイナンバー法9条3項が定める場合にだけ、マイナンバーを利用できるとされています[1]。では、マイナンバー法9条3項には何と書いてあるのでしょうか。ここはマイナンバー法の中で一番重要なところなので、法律の条文を見てみます。

マイナンバー法

（利用範囲）

9条

3　健康保険法…第48条若しくは第197条第1項、…、国税通則法…第74条の13の2、所得税法…第57条第2項若しくは第225条から第228条の3の2まで、…その他の法令又は条例の規定により、別表第一の上欄に掲げる行政機関、地方公共団体、独立行政法人等その他の行政事務

---

[1]　同法9条4項が定める激甚災害時の対応や、個人番号利用事務実施者としての利用については、ここでは触れません。

> を処理する者又は地方公共団体の長その他の執行機関による第一項又は前項に規定する事務の処理に関して必要とされる**他人の個人番号を記載した書面の提出その他の他人の個人番号を利用した事務を行うものとされた者は、当該事務を行うために必要な限度で個人番号を利用することができる。**当該事務の全部又は一部の委託を受けた者も、同様とする。

　このように、健康保険法や所得税法等[※2]といった様々な「法令または条例の規定により」、他人のマイナンバーを記載した書面の提出をはじめ、「個人番号（マイナンバー）を利用した事務を行うものとされた者」は、「当該事務を行うために必要な限度で」だけ、マイナンバーを利用できると定められています。

　民間企業がマイナンバーを利用できるのは、この場面だけです。

　つまり、法令・条例の定めがある場合にだけマイナンバーを利用することができ、それ以外のケースでマイナンバーを利用することは違法である、というのがマイナンバー法の基本的スタンスなのです。典型的には、民間企業は、所得税法225条によって支払調書の提出が義務づけられていて、支払調書にはマイナンバーを記載することが義務づけられていますから、支払調書を提出するという事務を行うために必要な限度でマイナンバーを利用することができる、ということになるわけです。

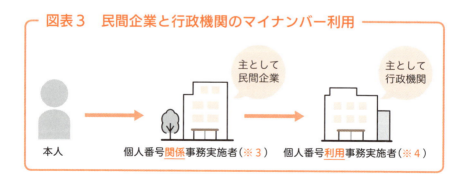

図表3　民間企業と行政機関のマイナンバー利用

※2　引用に際して、健康保険法、国税通則法及び所得税法の条文以外は省略しましたが、これら以外にも、相続税法、厚生年金法等の様々な法令の条文が並んでいます。
※3　「個人番号関係事務実施者」とは、本文で述べた個人番号関係事務を処理する者、すなわち主

Chapter.1　金融業務におけるマイナンバーの取扱いルール

● 金融機関がマイナンバーを利用する場面とは

　以上から、金融機関がマイナンバーを使用する場面とは、税法をはじめとする法令により、マイナンバーを記載した書面を取り扱う事務を行う義務があるとされている場面ということになります。

　そして、税法をはじめとする法令上、マイナンバーを必要とするとされているのは、以下の手続です。

個人顧客のマイナンバーが必要となる手続

- 預金（普通・定期・当座など）
- 投資信託・公共債など証券取引全般（NISA口座・特定口座の開設も対象）
- 外国送金（支払い・受け取り）など
- 信託取引（金銭信託など）

法人顧客の法人番号が必要となる手続

- 預金（普通・定期・当座など）
- 投資信託・公共債など証券取引全般
- 外国送金（支払い・受け取り）など
- 信託取引（金銭信託など）

● NISA口座におけるマイナンバーの告知

　2017年に、NISA口座を開設しているお客様が9月末までにマイナンバーの告知をしなければ、2018年以降非課税にならないことが話題になりました。なぜでしょうか。実は、税法において、お客様が金融機関にマイナンバーを告知することが義務づけられているケースがあります。さらに、マイナンバーを告知することが、口座開設や税法上の優遇措置等を受ける条件となっているケースもあります。

　　として民間企業を指します。
※4　「個人番号利用事務実施者」とは、マイナンバー法が定める行政事務を処理する者、すなわち主として行政機関を指します。

図表4　マイナンバーの告知義務

マイナンバーの告知	例
❶ 義務ではないもの	預貯金口座 生命保険・損害保険の保険金の支払い 源泉徴収票（従業員等） 報酬・料金・契約金の支払調書 不動産使用料等の支払調書
❷ 告知が義務であるもの	外国送金、先物取引、信託取引 NISA、特定口座、マル優・マル特の 住所変更
❸ 告知が義務であり、 かつ、口座開設・優遇措置等の 条件になっているもの	NISA、特定口座、マル優・マル特の 口座開設

　NISAは、お客様にマイナンバーの告知が義務づけられており、かつ、マイナンバーの告知がNISA口座開設や非課税措置を受けるための条件になっているのです。

　制度上、NISAには「勘定設定期間」というものがあり、「第一勘定設定期間」が2014年1月1日〜2017年12月31日、「第二勘定設定期間」が2018年1月1日〜2023年12月31日となっています。第一勘定設定期間が満了した際にNISA口座を保有していると、2018年1月1日以降も「みなし口座開設」といって自動的に口座を開設したことになり、引き続きNISA制度を利用できるのですが、この「みなし口座開設」をするためにはマイナンバーの告知をしておく必要がありました。

　ですから、マイナンバー制度が始まった2016年1月1日よりも前にNISA口座を開設したためにマイナンバーを告知していなかった人が、マイナンバーを告知しないまま第一勘定設定期間が終わる2017年12月31日を迎えてしまうと、2018年1月1日以降の第二勘定設定期間に「みなし口座開設」が行われず、改めて口座開設の手続をする必要が生じてしまったのです。

3. 預貯金口座への付番

預貯金口座付番とは

2018年1月1日から始まった「預貯金口座付番」とは何でしょうか。金融機関が個人に支払う預貯金の利子については、源泉分離課税で終了するため、支払調書の作成が免除されています。したがって、従来（2017年まで）のマイナンバー法9条3項の定めでは、支払調書作成のためにマイナンバーを取り扱うことはできませんでした。また、預貯金口座の管理等のために金融機関がマイナンバーを取り扱うことを義務づける法令等もなかったので、口座管理の目的でマイナンバーを取り扱うこともできませんでした。

それが2018年1月1日に、改正税法（国税通則法）が施行され、金融機関等は預貯金者等情報をマイナンバー（及び法人番号）で検索できる状態で管理しなければならない、という条文が新しく設けられることになったのです[5]。

> **国税通則法**
> （預貯金者等情報の管理）
> 第74条の13の2　**金融機関等**（預金保険法…第2条第1項各号（定義）に掲げる者…をいう。）は、政令で定めるところにより、**預貯金者等情報**（預貯金者等（預金保険法第2条第3項に規定する預金者等…をいう。）の氏名（法人については、名称）及び住所又は居所その他預貯金等（預金保険法第2条第2項に規定する預金等…をいう。）の内容に関する事項であって財務省令で定めるものをいう。）**を当該預貯金者等の番号**（…個人番号又は…法人番号をいう。…）**により検索することができる状態で管理しなければならない。**

[5]　地方税法も一部改正され、同様の規定が追加されています。

その上で、マイナンバー法９条３項も改正され、現在のように、国税通則法74条13の２が引用されることとなったのです。

マイナンバー法
（利用範囲）
９条
　３　健康保険法…第48条若しくは第197条第１項、…、**国税通則法…第74条の13の２**、所得税法…第57条第２項若しくは第225条から第228条の３の２まで、…その他の法令又は条例の規定により、別表第一の上欄に掲げる行政機関、地方公共団体、独立行政法人等その他の行政事務を処理する者又は地方公共団体の長その他の執行機関による第一項又は前項に規定する事務の処理に関して必要とされる他人の個人番号を記載した書面の提出その他の他人の個人番号を利用した事務を行うものとされた者は、当該事務を行うために必要な限度で個人番号を利用することができる。当該事務の全部又は一部の委託を受けた者も、同様とする。

　これが「預貯金口座付番」です。
　つまり、預金口座付番とは、法的には
①税法（国税通則法）が改正され、預貯金者等情報をマイナンバーで検索できる状態で管理しなければならない義務が金融機関に課せられることになり、これに伴って、
②それに必要な限度でマイナンバーが利用できるようにマイナンバー法が改正された
　ということなのです。

告知義務はない

　以上のとおり、今回の改正は、金融機関が預貯金者等情報をマイナンバーで検索できるように管理する義務を定めたものであって、預貯金口

Chapter.1　金融業務におけるマイナンバーの取扱いルール

座を保有するお客様が、金融機関に対してマイナンバーを告知する義務は定められていません。つまり、お客様がマイナンバーを告知するかどうかは、任意です。

● 預貯金口座付番の影響

預貯金口座付番の最大の問題は、対象となる口座数が膨大な数に上るということです。例えば、NISAの口座数は約1,000万口座に過ぎません。ところが、預貯金口座は国内銀行、信用金庫、郵便貯金合わせて約12億口座に上るのです。

また、これまで金融機関にマイナンバーを提供していたお客様がNISAをはじめとする証券取引や国外送金を行うような金融取引に慣れた人であったことと比較すると、預貯金口座付番でマイナンバーの提供を求める対象となるお客様は、税法の規制や様々な書類の提出に馴染みが薄い可能性が高いといえます。したがって、今までよりも丁寧な説明を心がける必要があると考えられます。

さらに、預貯金口座付番は、NISAのようにマイナンバーを告知しないことによって非課税措置が受けられなくなるといった明確なデメリットがありません。お客様にとってはマイナンバーを提供するインセンティブに欠けるといえるでしょう。その意味でも、今まで以上に丁寧な説明が必要となります。

● 預貯金口座付番の目的

預貯金口座付番により金融機関がマイナンバーをキーにして検索できるように管理することになる預貯金者等情報は、①国税・地方税の税務調査、②社会保障制度における資力調査、及び③預金保険（ペイオフ）に関する預貯金口座の名寄せ、という3つの目的で利用されることになります。

13

図表5　預貯金口座付番の目的

❶	国税・地方税の税務調査
❷	社会保障制度における資力調査
❸	ペイオフの際の預貯金口座の名寄せ

　①については、改正前から、国税・地方税の税務調査（犯則調査も同様）に際し、税務署等は調査対象者の個人番号を利用することが可能であるとされていました[6]。したがって、今回の改正で変わった点はありません（単に、金融機関側がマイナンバーをキーにして情報管理しなければならなくなっただけです）。

　②についても、改正前から、必要があるときは、厚生労働大臣が金融機関に対し、被保険者の氏名や住所、収入の状況等に関して報告を求めることができるとされていました（厚生年金保険法100条の2第5項、国民年金法108条1項・2項）。今回の改正は、報告を求めることができる情報に、マイナンバーが追加されただけです。

　③は今回の改正で新しく追加されたものです。すなわち、預金保険機構によるペイオフのための預金額の合算に関する事務がマイナンバー法別表第一（55の2）に追加され、これにより、新たに預金保険機構がペイオフの名寄せのためにマイナンバーを取り扱うことができることとなりました。

　なお、将来的には、激甚災害が発生した場合の払戻しの際にも、預貯金口座付番によって管理しているマイナンバーを利用し、迅速な払戻しを行うことも可能になります。

● 2021年の付番義務化を踏まえた対応が必要

　これまで述べてきたとおり、2018年1月1日の時点では、金融機関が、

---

[6]　地方税についての都道府県知事または市町村長による調査も同様です。

Chapter.1　金融業務におけるマイナンバーの取扱いルール

図表6　2021年に想定される告知義務の改正

マイナンバーの告知	例
❶ 義務ではないもの	**預貯金口座** ･･･････････ 生命保険・損害保険の保険金の支払い 源泉徴収票（従業員等） 報酬・料金・契約金の支払調書 不動産使用料等の支払調書
❷ 告知が義務であるもの	（預貯金口座？）◀･･････････ 外国送金、先物取引、信託取引 NISA、特定口座、マル優・マル特の 住所変更
❸ 告知が義務であり、 かつ、口座開設・優遇措置の 条件になっているもの	（預貯金口座？）◀･･････････ NISA、特定口座、マル優・マル特の 口座開設

　預貯金者等情報をマイナンバーをキーにして検索できる状態で管理しなければならないという義務があるだけで、お客様の側にマイナンバーの告知が義務づけられているわけではありません。

　しかし、この点は施行後3年を目途に改正することが想定されています。2021年ごろには、お客様がマイナンバーを告知することが義務づけられるようになりそうです。

　お客様による告知が義務化されることが想定される2021年には、さらに多くのマイナンバーを取り扱うことになるでしょう。それまでに、マイナンバーの取扱いについて、行職員が精通するようにしておく必要があると思われます。

Chapter.2

Q&Aで学ぶ
個人番号取得の実務と注意点

Q1 利用目的の明示は どのように行えばいいですか？

A ウェブサイトやポスターなどで「公表」するほか、お客様からマイナンバーを取得する際の帳票やインターネット上の画面に利用目的を「明示」しておくことになります。

● 個人情報保護法に従い利用目的を明示

マイナンバー（個人番号）は、個人情報保護法が定める「個人情報」にあたります（個人情報保護法施行令1条6号が定める「個人識別符号」に該当）。したがって、マイナンバーを取り扱う際には、マイナンバー法だけでなく、個人情報保護法も遵守する必要があります。

個人情報保護法では、個人情報を取り扱うにあたっては、その個人情報を何に使うのかという「利用目的」をできる限り特定しなければなりません。その上で、個人情報を取得する際には、利用目的を本人に通知するか、または公表（以下、「通知等」という）しなければなりません。

したがって、「預貯金口座付番に関する事務」などの利用目的を、ウェブサイト上のプライバシーポリシー（基本方針）に記載するなどして公表することになります。この対応は、すでに各金融機関で行われているはずです。

さらに、書面やインターネットで個人情報を本人から直接取得する際には、利用目的を「明示」しなければならないという規制もあります。したがって、お客様からマイナンバーを取得する際の帳票やインターネット上の画面に、利用目的を記載して「明示」しておく必要があります。お客様から直接取得する場面では、インターネット上のプライバシーポリシーに「公表」しておくだけでは足りず、その場で「明示」しなければならないからです。

したがって、ウェブサイト上のプライバシーポリシーが変更済みであるからといって安心せず、営業店で使用する帳票やポスター、パンフレットの記載などに漏れがないか、古いポスター等が掲示されたままになっていないかなどを改めて確認したほうがよいでしょう。

● 利用目的の変更に本人の同意は必要？

なお、預貯金口座付番の開始に伴い、従前からの利用目的である「金融商品取引に関する法定書類作成事務」などに、「預貯金口座付番に関する事務」を追加するという形で利用目的を変更することになりますが、この変更に本人の同意を得る必要はないでしょうか。

個人情報保護法では、利用目的を変更するためには、原則として本人の同意が必要になります。後から事業者のほうで一方的に利用目的を変更できてしまうと、最初に利用目的を特定して通知等（あるいは明示）する意味がなくなってしまうからです。

ただし、変更前の利用目的と「関連性」（個人情報保護法15条2項）がある場合には、本人の同意なく変更することができます。ここでいう「関連性」とは、本人が通常予期しうる限度かどうかが基準になります。

この点、「金融商品取引に関する法定書類作成事務」などに「預貯金口座付番に関する事務」を追加するのは、社会通念上、本人が通常予期しうる限度といえると考えられています。したがって、本人の同意は必

要ありません。変更後の利用目的を通知または公表するだけで問題ありません（同法18条3項）。

　ただし、変更後の利用目的を通知または公表する際には、「『もともと××であったものを今後○○に変更します』など、当初特定した利用目的のどの点がどのように変わったのかを示すことが望ましい」とされていることから、お客様への案内の際には注意が必要です（個人情報保護委員会の個人情報保護法ガイドラインQ＆A「Q2－7」）。

Chapter.2　Q＆Aで学ぶ個人番号取得の実務と注意点

本人確認手続の進め方と、注意すべきポイントを教えてください

　A　本人確認にあたっては、①番号確認と②身元（実在）確認の2つの確認が必要です。

　①番号確認とは、お客様が口座開設申込書などに記載したマイナンバー12桁が間違っていないかどうかを確認することをいいます。

　②身元（実在）確認とは、番号を提供しているお客様が実在する人物であるかどうか、その身元を確認することをいいます。

●「なりすまし」等を防ぐために本人確認を行う

　マイナンバー法では、本人（代理人を含む）から個人番号の提供を受けるときは、「本人確認」を行わなければならないとされています（法16条）。なぜ、マイナンバーの提供を受ける際に本人確認が必要なのでしょうか。

　実は、マイナンバーのような番号制度の導入に関して、日本は世界の最後発です。日本以外のほとんどの主要国ではマイナンバーのような制度を導入済みです。そこで、日本でマイナンバー制度を設計する際には、諸外国の制度が参考にされました。

　その際に問題になったのは、米国のソーシャル・セキュリティー・ナンバーなどで「なりすまし」による詐欺被害が発生していた点です。銀行口座を開設したりする際の本人確認として、ソーシャル・セキュリティー・ナンバーが利用されていたため、他人のソーシャル・セキュリティー・ナンバーを入手してしまえば、その人物になりすますことが可能

19

図表7　本人から提供を受ける際の確認書類

❶ 番号確認	❷ 身元（実在）確認
●個人番号カード  （表）	 （裏）
●通知カード 	●運転免許証、運転経歴証明書、パスポート、身体障害者手帳、精神障害者保健福祉手帳、療育手帳、在留カード、特別永住者証明書
●住民票の写しまたは住民票記載事項証明書（個人番号つき）	●官公署から発行・発給された、氏名、及び生年月日または住所が記載された写真付き身分証明書で、個人番号利用事務実施者が適当と認めるもの
（上記が困難なとき） ●官公署または個人番号利用事務実施者・個人番号関係事務実施者から発行・発給された書類、その他これに類する書類であって個人番号利用事務実施者が適当と認める書類（ⅰ個人番号、ⅱ氏名、ⅲ生年月日または住所、が記載されているもの）	（上記が困難なとき） ●以下の書類を2つ以上 　イ　公的医療保険の被保険者証、年金手帳、児童扶養手当証書、特別児童扶養手当証書 　ロ　官公署または個人番号利用事務実施者・個人番号関係事務実施者から発行・発給された書類その他これに類する書類であって個人番号利用事務実施者が適当と認めるもの（ⅰ氏名、ⅱ生年月日または住所、が記載されているもの）

Chapter.2　Q＆Aで学ぶ個人番号取得の実務と注意点

になってしまっていたのです。

　そこで、日本で新しくマイナンバー制度を設計する際に、マイナンバーそのものを本人確認の手段としてはならず、マイナンバーの提供を受ける際には必ず別途本人確認をしなければならないとされました。

　マイナンバー法の本人確認では、①番号確認と②身元（実在）確認の2つの作業をすることが必要です。

　①番号確認とは、お客様が口座開設申込書などに記載したマイナンバー12桁が間違っていないかどうかを確認すること、②身元（実在）確認とは、番号を提供しているお客様が実在する人物であるかどうかを確認することをいいます。基本的には、図表7の書類を確認します。

　番号確認が住民票の写しで行える点は重要なポイントです。今後、通知カードをなくしてしまったりして持参できないケースが増えてくると思われますが、その場合にはマイナンバーが記載された住民票の写しを持参してもらえば足りることになるからです。

　代理人からマイナンバーの提供を受ける場合は、図表8の書類で確認します。

　なお、実務的には、口座開設の際、犯罪収益移転防止法に基づく取引時確認を同時に行ったり、税法上の本人確認を同時に行ったりするため、各法律が定める本人確認書類の条件をすべて満たす書類を提示していただかなければなりません。自行のマニュアルに従うようにしましょう。

図表8　代理人から提供を受ける際の本人確認書類

代理権の確認	本人の番号確認	代理人の身元（実在）確認
委任状等（法定代理人の場合には戸籍謄本その他その資格を証明する書類）	本人の個人番号カード、通知カード、住民票の写し（個人番号つき）等	代理人の運転免許証、パスポート等

21

Q₃ マイナンバーを取得するにあたり、
お客様に伝えておくべきことは何ですか？

A マイナンバーの告知義務や、金融機関側の義務について説明します。また、提供することに不安を持つお客様もいますので、目的外利用をしないことや、安全管理措置などについても説明できるとよいでしょう。

告知義務について誤解を与えないよう注意

お客様への説明の際に気をつけるべきポイントは次のとおりです。

①告知義務の有無について

まず、お客様がマイナンバーを金融機関に告知する義務がある取引と、義務がない取引（図表9）を混同しないように注意しなければなりません。例えば、預貯金口座付番のように告知義務がない取引の際に、告知義務があるような誤解を与える説明をしないように注意が必要です。

他方でNISAのように、告知義務があり、かつ告知しないことによりお客様に明確な不利益（口座開設ができない、非課税扱いにならないなど）がある取引では、その旨を明確に伝えることが必要です。

②金融機関側の義務について

2018年現在では告知義務がない預貯金口座付番についても、金融機関においては、預貯金者等情報をマイナンバーをキーにして検索できる形で保存することが義務づけられています。この点についても、周知する必要があると考えられます（詳細は第3章参照）。

Chapter.2　Q＆Aで学ぶ個人番号取得の実務と注意点

図表9　マイナンバーの告知義務

マイナンバーの告知	例
❶ 義務ではないもの	預貯金口座 生命保険・損害保険の保険金の支払い 源泉徴収票（従業員等） 報酬・料金・契約金の支払調書 不動産使用料等の支払調書
❷ 告知が義務であるもの	外国送金、先物取引、信託取引 NISA、特定口座、マル優・マル特の 住所変更
❸ 告知が義務であり、 かつ、口座開設・優遇措置等の 条件になっているもの	NISA、特定口座、マル優・マル特の 口座開設

③安全管理措置・利用制限等について

　マイナンバーを提供することによって、自分の資産の全体像が政府に筒抜けになったり、他人に知られたりするのではないかという漠然とした不安を持つ方は多くいます。このようなお客様に対しては、以下のような説明をすることが考えられます。

　まず、提供を受けた金融機関においては、マイナンバーは、法律で定められた場面以外では利用できないことを説明します。このことは、前述したマイナンバー法9条3項で明確に定められています。実務的には、自行のプライバシーポリシー等で公表されている利用目的が、法律上認められている利用範囲と同じものであるはずですから、プライバシーポリシー等をお客様に示して、「これ以外の目的で利用することは禁止されています」と説明するのがよいでしょう。

　また、マイナンバーについては、厳格な安全管理措置が義務づけられており、自行内でもこれを遵守して厳格に管理していることも説明すべ

23

きポイントです。

● 預貯金口座付番に関する説明

　これから問い合わせが増えることが予想される預貯金口座付番については、どのように説明すべきでしょうか。

　預貯金口座付番によるマイナンバーの利用の目的は、現時点では①税務調査、②社会保障における資力調査、③ペイオフ時の名寄せであることは前述したとおりです。これらは、「公正・公平な社会の実現」というマイナンバー制度の趣旨に沿ったものであるという説明をすることになるでしょう。

　その上で、実務的には、これまでと比較してお客様にとって実質的に不利になることはないことを伝えるのがよいと考えられます。

　例えば、税務調査の際に金融機関の口座を調査することは今までも行われてきたのであって、預貯金口座付番によってマイナンバーで管理される時代になって初めて調査されるようになったわけではありません。これまでは氏名や住所をキーにして調査していたところ、マイナンバーも検索の際のキーとなっただけです。また、当然のことながら、マイナンバーを提供しないことによって、税務調査の対象外となるようなこともありません。

● 行政機関における利用制限

　では、行政機関におけるマイナンバーの利用について質問された場合は、どのように説明すべきでしょうか。

　前述したとおり、マイナンバー制度により、行政機関等において情報が一元的に管理されるようなったわけではありません。例えば、税務署が所得に関する情報を管理し、市町村が住民票に関する情報を管理し、日本年金機構が年金に関する情報を管理するなど、今までどおり各機関

Chapter.2　Ｑ＆Ａで学ぶ個人番号取得の実務と注意点

がそれぞれ独自の情報を管理する形のままになっています（これを「分散管理」という）。ただ、行政機関同士が、マイナンバーをキーにして、情報の問い合わせができるようになった点だけが、マイナンバー制度で変わった点です（このような問い合わせのことを「情報連携」という）。

　このような問い合わせそのものは、マイナンバー制度導入の前から行われていました。したがって、マイナンバー制度は、新たな情報管理体制を作るための制度というよりは、行政手続の効率化を目指したものであるということができます。

　それでも不安として残るのは、行政機関が、問い合わせが効率的になったことをよいことに、自分の情報を不正に問い合わせして収集しているのではないかという点です。

　この点についても、マイナンバー法で対策を講じられています。これが、政府が開設しているウェブサイトの「マイナポータル」です。マイナポータルには様々な機能がありますが、その中に、「自己情報表示（あなたの情報）」と「情報提供等記録表示（やりとり履歴）」という機能があります。

「自己情報表示（あなたの情報）」とは、行政機関が保有する自分自身の情報（特定個人情報）を閲覧することができる機能です。また、「情報提供等記録表示（やりとり履歴）」とは、行政機関が自らの特定個人情報をどのように情報連携したのかについてのログ（記録）が閲覧できる機能です。

　このように、マイナンバー制度では、住民が、政府が自分自身についてどのような情報を保有し、どのようにやりとりしているのかを監視するシステムが導入されているのです。このようなマイナポータルの機能も、説明の材料の１つになるでしょう。

25

Q4 不正にマイナンバーを収集しないよう注意すべきことは何ですか？

A ①住宅ローンの審査等で住民票を受け取るとき、②取引時確認でマイナンバーカードの提示を受けるとき等は注意が必要です。

● 規定された事務以外での収集・利用は禁止

マイナンバーは、法令または条例の規定により、他人のそれが記載された書面を提出したり、その他のマイナンバーを利用した事務（「個人番号関係事務」）を行う場合以外では、収集・利用してはいけません（第1章の2。7〜8ページ参照）。したがって、それ以外の場面では提供を受けないようにしなければなりません。

実務的に気をつけたいのは、次のような場面です。

①住宅ローンの審査等で住民票の写しを受け取るとき

住宅ローンの審査において居住を確認したり、住所や世帯主を確認するために住民票の提出を受ける場面で、注意が必要です。

市町村に対して住民票の写しの交付請求をする際、申請をすると、マイナンバーが記載された住民票の写しが交付されます。これが番号確認書類として利用できることはQ2で述べたとおりですが、金融機関が法令または条例の規定によりマイナンバーを取り扱うことができるとされた場面以外でこれを受け取ると、マイナンバー法違反になってしまいます。

住宅ローンの融資審査はマイナンバー法に定められた事務ではありま

せんので、マイナンバーの記載された住民票は受け取れないことになります。お客様に対しては、マイナンバーが記載されていない住民票の提出を要請するか、マイナンバー部分を復元できない程度にマスキング（見えない程度に黒塗り）する必要があります。

②取引時確認を行うとき

　犯罪収益移転防止法上、取引時確認を行う際の本人確認書類としてマイナンバーカードの提示を受けることはできますが、「本人確認書類を特定するに足りる事項」としてマイナンバーを記録することは、マイナンバー法の取得規制によりできませんので、注意が必要です。

　また、マイナンバーカードは裏面にマイナンバーが記載されていますので、裏面をコピーすることがないように気をつけてください。

● もし間違って取得してしまったら…

　マイナンバーの「提示」を受けただけで、金融機関側に「収集」行為がない場合には、「収集」したことになりません。例えば、カウンターでマイナンバーカードの裏面の「提示」を受けてしまったとしても、金融機関側でそれをメモしたりコピーをとったりしなければ、「収集」ではありません。

　また、その場ですぐに削除してしまえば「収集」したことになりません。例えば、お客様からマイナンバーが記載された住民票の写しをカウンターで受け取ったときや、郵送されてきた際には、その場ですぐにマイナンバー欄を黒塗りすれば、「収集」していないことになります。

　では、万一このような対応をすることを忘れ、「収集」してしまった場合にはどうしたらよいでしょうか。

　マイナンバーは、個人番号関係事務を処理するために必要な場合のみ保管することができます。したがって、マイナンバー法上で規定されて

いない場面で間違って取得してしまった場合には、できるだけ速やかに廃棄・削除する必要があります。

　ただし、マイナンバーの廃棄・削除については、記録を残すことが義務とされていますので、担当者が勝手に廃棄・削除してはなりません。行内のルールに従って、上司に報告するなどして、適切に記録をした上で廃棄・削除する必要がありますから注意が必要です（廃棄・削除の方法についてはＱ８参照）。

Chapter.2　Q＆Aで学ぶ個人番号取得の実務と注意点

Q5 お客様から申し受けたマイナンバーカードや通知カード、身元（実在）確認書類の取扱いで注意すべきことはありますか？

A　「安全管理措置」に基づく各金融機関のルールに従って、保管するようにしてください。

● コピーは自行のマニュアルに従い厳格に管理

　本人確認書類（番号確認書類であるマイナンバーカード、通知カードまたはマイナンバーが記載された住民票の写しなどと、身元（実在）確認書類である運転免許証またはパスポートなど）は、マイナンバー法上の本人確認の記録を残すためにコピーを保管できるとされています。

　一方、内閣府の外局である個人情報保護委員会からは、「個人番号を取得する際の本人確認書類の取扱いをめぐって、本人と事業者の間でトラブルとなる事例が発生していることに鑑みると、個人番号の確認の際に、本人確認書類のコピーの提出を受けた場合、必要な手続を行った後に本人確認書類が不要となった段階で、速やかに廃棄しましょう」といわれています。

　さらに、金融機関においては、税法などにより、一定の書類を保管することが義務づけられているケースがあります。

　このように、どの本人確認書類をどのように保管するかは、様々な法律に基づいて判断しなければならないことですから、自行のマニュアルに従って保管することが必要です。

　ただ、いずれにせよ、マイナンバーが記載された書類のコピーを保管する場合には、マイナンバー法の「安全管理措置」を適切に講ずる必要

29

があることに変わりはありません。

　では、「安全管理措置」とは何でしょうか。マイナンバー法では、以下のとおり、マイナンバーを取り扱う以上は、漏えいしたり、滅失したり、毀損したりしないように、「適切な管理のために必要な措置」を講じる義務があります。これを「安全管理措置」と呼んでいます。

マイナンバー法

（個人番号利用事務実施者等の責務）

第12条　個人番号利用事務実施者及び個人番号関係事務実施者（以下「個人番号利用事務等実施者」という。）は、個人番号の漏えい、滅失又は毀損の防止その他の個人番号の適切な管理のために必要な措置を講じなければならない。

「安全管理措置」として具体的にどのような措置を講じなければならないのかは、個人情報保護委員会がガイドラインという形で定めています。

　これによれば、まず、①個人番号を取り扱う事務の範囲、②特定個人情報等の範囲、③特定個人情報等を取り扱う事務に従事する従業者（事務取扱担当者）を明確にした上で、以下の措置を講じることになります。

図表10　安全管理措置として求められるもの

措　　　置	典型的な対応
(1)基本方針の策定	プライバシーポリシー等の策定
(2)取扱規程等の策定	行内規程の策定
(3)組織的安全管理措置	行内の組織体制、漏えい時の報告連絡体制などの整備
(4)人的安全管理措置	事務取扱担当者の監督と教育
(5)物理的安全管理措置	情報漏えいしないための物理的な措置
(6)技術的安全管理措置	コンピュータからの情報漏えいを防ぐための技術的な措置

Chapter.2　Q&Aで学ぶ個人番号取得の実務と注意点

Q6 お客様の自宅や勤務先で、マイナンバーを取得する場合に注意することはありますか？

A ①利用目的を明示すること、②本人確認書類を間違いなく受領すること、③書類の紛失等がないように持ち帰ることです。

●「持ち運び」には特に注意が必要

①利用目的の明示

　まず、個人情報保護法により、個人情報（マイナンバーを含む）を本人から書面等により直接取得する際には、あらかじめ利用目的を明示しなければなりません。利用目的を記載した書面等を交付することなどを忘れないように注意しましょう。

②本人確認書類の受け取り

　次に、本人確認書類に間違いがないか、よく確認する必要があります。Ｑ２で述べたとおり、本人確認書類の取扱いには複雑な規制があります。間違って受領してしまったり、書類に不足があったりするとマイナンバーの提供を適法に受けることができなくなってしまいますので、自行のマニュアルに照らしてよく確認することが求められます。

③持ち運びに関する情報管理

　さらに、マイナンバーを記載した書類などを紛失しないように気をつけなければなりません。お客様の自宅や勤務先でマイナンバーを取得する場合、「持ち運び」が必要になりますので、細心の注意が必要となります。

31

この点については、個人情報保護委員会のマイナンバー法ガイドラインの「（別添）特定個人情報に関する安全管理措置（事業者編）」における物理的安全管理措置の一環として、以下が義務づけられています。

マイナンバー法ガイドライン
（別添）特定個人情報に関する安全管理措置（事業者編）
E　物理的安全管理措置
c　電子媒体等の取扱いにおける漏えい等の防止
　特定個人情報等が記録された電子媒体又は書類等を持ち運ぶ場合、容易に個人番号が判明しないよう、安全な方策を講ずる。
「持ち運ぶ」とは、特定個人情報等を管理区域又は取扱区域から外へ移動させること又は当該区域の外から当該区域へ移動させることをいい、事業所内での移動等であっても、特定個人情報等の紛失・盗難等に留意する必要がある。

≪手法の例示≫
＊特定個人情報等が記録された電子媒体を安全に持ち運ぶ方法としては、持ち運ぶデータの暗号化、パスワードによる保護、施錠できる搬送容器の使用、追跡可能な移送手段の利用等が考えられる。ただし、行政機関等に法定調書等をデータで提出するに当たっては、行政機関等が指定する提出方法に従う。
＊特定個人情報等が記載された書類等を安全に持ち運ぶ方法としては、封緘、目隠しシールの貼付、追跡可能な移送手段の利用等が考えられる。

● 暗号化や目隠しシール貼付などの対応が義務

　つまり、お客様の自宅や勤務先から、行内に存在するマイナンバーの「取扱区域」にマイナンバーを移動させることは、ガイドラインがいう「持ち運ぶ」に該当するため、ガイドラインが定める「漏えい等の防止」策

Chapter.2　Ｑ＆Ａで学ぶ個人番号取得の実務と注意点

を講じることが法律上の義務であるとされているのです。

　その手法としては、以下が挙げられています。

データの場合	・暗号化、パスワードによる保護 ・施錠できる搬送容器の使用 ・追跡可能な移送手段の利用など
書類の場合	・封緘 ・目隠しシールの貼付 ・追跡可能な移送手段の利用など

　これらに準拠したルールが各金融機関において定められているはずですから、必ずルールを守って持ち運ぶ必要があります。

　このルールに違反した場合、マイナンバー法12条の安全管理措置義務に違反していることになってしまいますので、注意が必要です。

Q7 マイナンバーを郵送で提供してもらう場合の注意点は何ですか？

A 間違って原本を送らないようにしていただくことと、自行のルールに従って開封し、内容をすぐに確認することが重要です。

● 郵送で取得する場合は写しでよい

マイナンバーは郵送で提供することもできるとされています。その際の本人確認書類（①番号確認＋②身元（実在）確認）は、写しでよいことになっています。

にもかかわらず、本人確認書類として原本を誤って送付してしまうケースが多発しているようです。特に、通知カードは、ペラペラの紙でできているため、そのカード自体を送付するのだと誤解しているケースもあるようです。

誤って原本の郵送を受けてしまった場合、その原本を返還しなければならなくなります。その際には、返還の際の郵送先を金融機関に届出されている住所にするのか、通知カードに記載されている住所にするのか、マイナンバーの申告書類等に記載されている住所にするのかなど、事務手続上の難しい問題が生じてしまいます。したがって、誤って原本を送らないよう、特に通知カードに関しては、原本でなくコピーを送るようにお客様に周知することが重要です。

また、郵送を受けた場合、開封の作業は自行のルールに従って行う必要があります。

個人情報保護委員会が定めているガイドラインでは、マイナンバーを取り扱う際には、マイナンバーを取り扱う「事務取扱担当者」を特定し

て、社内規程等に従って取り扱わなければならないとされています。マイナンバーは誰でも扱ってよいものではなく、行内でマイナンバーを取り扱うと定められている者のみが、行内のルールに従って取り扱わなければならないのです。したがって、行内のルールでマイナンバーを取り扱うとされていない方は、開封の作業を行わないように注意する必要があります。

では、マイナンバーが入っているとは気づかずに、担当者になっていない方が誤って開封してしまった場合にはどうしたらよいでしょうか。この場合には、ただちに自行のルールに従ってマイナンバーを取り扱う担当者に手渡せば、安全管理措置義務違反にはならないと考えられます。

● 誤ってマイナンバーが提供された場合

また、担当者としては、開封した際に、内容物が誤っていないかどうか、その場で確認することが重要です。仮に、誤ってマイナンバーが提供されている場合（例えば、お客様本人のマイナンバーだけが法律上必要であるにもかかわらず、同居するご家族のマイナンバーまで記載されている住民票が同封されていた場合など）、その場で黒塗りにするなどの処理が必要になるからです。

その場で黒塗りにすれば、マイナンバー法がいう「収集」には該当しませんので、違法にマイナンバーを収集したことになりません。仮に、その場で気づかずに一旦「収集」して保管してしまい、後になって不要なマイナンバーが同封されていたことに気づいた場合、ガイドラインに従って記録を作成した上で廃棄しなければなりませんから注意が必要です（廃棄についてはＱ８参照）。

Q8 マイナンバーの廃棄・削除は どのように行うのですか？

A 保管期間が経過し、必要がなくなったマイナンバーは、廃棄しなければなりません。その際、記録の作成が義務づけられています。

● 廃棄・削除は「復元できない手段」で

マイナンバー法上、マイナンバーを保管してよいのは、法令または条例の規定により、マイナンバーを利用した事務を行うとされており、そのために必要な場合等だけです。したがって、例えば口座を解約するなどして事務に必要がなくなり、かつ、法定保管期間が経過した場合には、マイナンバーを保管しているだけで違法になってしまいますので、必ず削除・廃棄しなければなりません。廃棄・削除の方法については、ガイドラインにより規制が設けられています。

> **マイナンバー法ガイドライン**
> **（別添）特定個人情報に関する安全管理措置（事業者編）**
> E　物理的安全管理措置
> d　個人番号の削除、機器及び電子媒体等の廃棄
> 　個人番号関係事務又は個人番号利用事務を行う必要がなくなった場合で、所管法令等において定められている保存期間等を経過した場合には、個人番号をできるだけ速やかに復元不可能な手段で削除又は廃棄する。
> 　個人番号若しくは特定個人情報ファイルを削除した場合、又は電子媒体等を廃棄した場合には、削除又は廃棄した記録を保存する。また、これらの作業を委託する場合には、委託先が確実に削除又は廃棄したこと

Chapter.2　Q＆Aで学ぶ個人番号取得の実務と注意点

について、証明書等により確認する。

≪手法の例示≫

＊特定個人情報等が記載された書類等を廃棄する場合、焼却又は溶解、復元不可能な程度に細断可能なシュレッダーの利用、個人番号部分を復元不可能な程度にマスキングすること等の復元不可能な手段を採用することが考えられる。

＊特定個人情報等が記録された機器及び電子媒体等を廃棄する場合、専用のデータ削除ソフトウェアの利用又は物理的な破壊等により、復元不可能な手段を採用することが考えられる。

＊特定個人情報等を取り扱う情報システム又は機器等において、特定個人情報ファイル中の個人番号又は一部の特定個人情報等を削除する場合、容易に復元できない手段を採用することが考えられる。

＊特定個人情報等を取り扱う情報システムにおいては、保存期間経過後における個人番号の削除を前提とした情報システムを構築することが考えられる。

＊個人番号が記載された書類等については、保存期間経過後における廃棄を前提とした手続を定めることが考えられる。

　まず、削除・廃棄は「復元できない手段」で行わなければなりません。「焼却又は溶解、復元不可能な程度に細断可能なシュレッダーの利用」をするか、マスキング（黒塗り）するのであれば「個人番号部分を復元不可能な程度に」マスキングしなければなりません。透けて見えるようなマスキングでは不十分ですから、注意が必要です。

　次に、「削除又は廃棄した記録を保存する」ことも義務づけられています。行内のルールに「マイナンバーの削除・廃棄記録簿」のようなものが存在すると思いますが、これはガイドライン上の義務になっているものですので、記載しなければマイナンバー法12条の安全管理措置義務に違反してしまいます。確実に記録するようにしましょう。

Chapter.3

マイナンバーの提供を
断られたときの対応法

1. お客様に対する説明

● 法的な義務や金融機関の管理体制について説明

　マイナンバーの提供を拒否された場合の対応は、自行が定めたマニュアルに従うことになりますが、法的な観点からの注意点は以下のとおりです。

① 法的な義務があることを伝える

　まず、第2章Q3で述べたとおり、お客様がマイナンバーを金融機関に告知する義務がある場合には、その旨を伝える必要があります（逆に、告知義務がない取引の場合は、告知義務がある旨の誤った説明をしないように注意が必要です）。

　さらに、NISAや特定口座のように、告知しないことにより口座開設ができない（税制上の優遇措置も受けられない）などの不利益がある場合には、その旨を明確に伝えることが必要です。マイナンバーの告知義務については、23ページの図表9を参照してください。

　では、告知義務がない場合（典型的には預貯金口座付番）には、どのように説明したらよいでしょうか。国税庁ウェブサイトのFAQでは、法定調書の作成などに際し、マイナンバーの提供を受けられない場合について、以下のとおり述べています。

> Q1−2　従業員や講演料等の支払先等からマイナンバー（個人番号）の提供を受けられない場合、どのように対応すればよいですか。
> （答）
> 　法定調書の作成などに際し、従業員等からマイナンバー（個人番号）の提供を受けられない場合でも、安易に法定調書等にマイナンバー（個人番号）を記載しないで税務署等に書類を提出せず、従業員等に対してマイナンバー（個人番号）の記載は、法律（国税通則法、所得税法等）で定められた義務であることを伝え、提供を求めてください。［以下略］

　つまり、マイナンバーを支払調書に記載することや、金融機関において預貯金者の情報をマイナンバーをキーにして検索できるよう保存することが法律で定められた義務であることを伝えた上で、提供を求めることが必要です。

　ここで注意する必要があるのは、お客様がマイナンバーを提供することが義務なのではなく、金融機関が支払調書に記載することや、マイナンバーをキーにして検索できるように情報を保存することが義務であるという点です。お客様がマイナンバーを提供することが義務であるかのような誤った説明をしないように注意が必要です。

②マイナンバーを目的外利用しないことを伝える

　また、金融機関では、マイナンバーは、法律で定められた場面以外では利用できないことを説明します。このことは、第1章で述べたとおり、マイナンバー法9条3項で明確に定められています。

　実務的には、自行のプライバシーポリシー等をお客様に示して、「これ以外の目的で利用することは禁止されていますので、ご安心ください」と説明するのがよいでしょう。

③マイナンバーを漏えいしない管理体制を構築していることを伝える

　金融機関においては、個人情報保護委員会と金融庁が定める基準（ガイドライン）に従って、情報漏えい等しないための措置（安全管理措置）を講じることが義務づけられていて、自行もそれに従って情報管理していることを説明します。

　金融機関で厳格な情報管理が行われていることについては、一般的な理解があると思われますので、マイナンバーについては、その中でも特に厳格に管理していることを伝えるとよいのではないかと思われます。

④実質的な不利益がないことを伝える

　第2章Q3で述べたとおり、マイナンバーを提供することにより実質的な不利益がないことを伝えるとよいと思われます。

　すなわち、NISAや特定口座などについて、国税庁に必要な情報を提出したり、国税庁が個人の口座の内容等を把握したりすることは、マイナンバー制度の開始前から行われていることです。マイナンバーを提供しなかったからといって、国税庁が口座の内容等を把握できないなどということはありません。

　これは、預貯金口座付番についても同様です。税務調査の際に金融機関の口座を調査することは今までも行われてきたことであって、マイナンバーを提供しないからといって、税務調査の対象外となるようなこともありません。今までどおり調査は行われるのですから、マイナンバーを提供することにより実質的に不利益が発生するわけではありません。

⑤行政機関においても悪用されない制度になっていることを伝える

　これも第2章Q3で解説しましたが、マイナンバー制度により、行政機関等において情報が一元的に管理されるようなったわけではありません。情報は今までどおり、各行政機関が「分散管理」しています（ただ

40

Chapter.3 マイナンバーの提供を断られたときの対応法

し、行政機関同士が、マイナンバーをキーに情報連携を行うことはできるようになった)。

　また、マイナンバー制度では、住民が政府を監視することができるようになっています。この点については、ウェブサイトの「マイナポータル」を紹介し、「情報提供等記録表示（やりとり履歴）」を見れば、自らの特定個人情報について、どのように情報連携がなされたのかを閲覧できるということを案内するとよいでしょう。

参考　マイナポータル

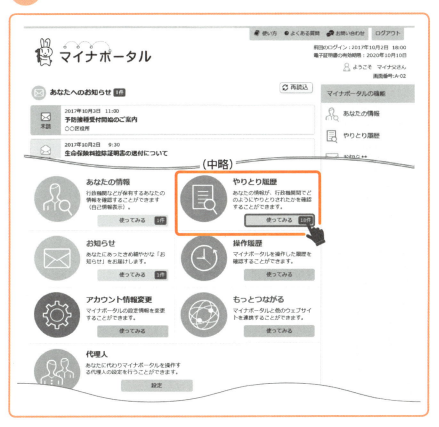

⑥制度全体については、マイナンバーコールセンターを紹介する

　マイナンバーの提供を拒否するお客様は、制度そのものに不安を抱いているケースも多いと思います。①〜⑤の内容を説明してもなお、マイナンバーの提供に納得しないお客様がいて対応に困った場合には、内閣府のマイナンバー総合フリーダイヤルを紹介し、問い合わせてもらうとよいでしょう。

マイナンバー総合フリーダイヤル
0120-95-0178（無料）
平日9：30〜20：00　土日祝9：30〜17：30（年末年始除く）

英語・中国語・韓国語・スペイン語・ポルトガル語対応
0120-0178-26（無料）

Chapter.3　マイナンバーの提供を断られたときの対応法

2. 提出拒否の記録と継続的な声かけ

● 提供を求めた経過等を記録・保存

　マイナンバーの提供を拒まれた場合、記録を残しておくことが必要になります。

　前述の国税庁のFAQ「Ｑ１－２」には、以下のような記載があるからです。

Ｑ１－２　従業員や講演料等の支払先等からマイナンバー（個人番号）の提供を受けられない場合、どのように対応すればよいですか。
（答）
…マイナンバー（個人番号）の記載は、法律（国税通則法、所得税法等）で定められた義務であることを伝え、提供を求めてください。

　それでもなお、提供を受けられない場合は、提供を求めた経過等を記録、保存するなどし、単なる義務違反でないことを明確にしておいてください。

　経過等の記録がなければ、マイナンバー（個人番号）の提供を受けていないのか、あるいは提供を受けたのに紛失したのかが判別できません。特定個人情報保護の観点からも、経過等の記録をお願いします。［以下略］

　記録を残すべき具体的な場面や、記録の方法・内容などについては、各金融機関のマニュアルがあるはずです。それは、上記のとおり国税庁の要請に基づくものですから、必ずマニュアルに従って記録を残すようにしましょう。

43

● 一度拒否されても継続的な声かけを

　では、マイナンバーの提供を一度拒否された場合には、以後、何も言わなくてよいのでしょうか。

　この点についても、国税庁のFAQ「Ｑ１−２」に記載があります。

Ｑ１−２　［質問略］
（答）
…なお、税務署では、社会保障・税番号〈マイナンバー〉制度に対する国民の理解の浸透には一定の時間を要する点などを考慮し、マイナンバー（個人番号）・法人番号の記載がない場合でも書類を収受することとしていますが、マイナンバー（個人番号）・法人番号の記載は、法律（国税通則法、所得税法等）で定められた義務であることから、今後の法定調書の作成などのために、今回マイナンバー（個人番号）の提供を受けられなかった方に対して、引き続きマイナンバーの提供を求めていただきますようお願いします。

　このように、国税庁から「今回マイナンバー（個人番号）の提供を受けられなかった方に対して、引き続きマイナンバーの提供を求めていただきますようお願いします」と明確に要請されていますので、これに応える必要があります。

　具体的な方法や頻度については金融機関のマニュアルに従う必要がありますが、継続的な声かけは国税庁からの要請であることは理解しておきましょう。

Chapter.3　マイナンバーの提供を断られたときの対応法

3. 証券口座等でマイナンバーを取得済みの場合

● 再度提供を受け直す必要はない

　投資信託口座の開設の際などに、すでにマイナンバーの提供を受けているお客様からは、通常、預貯金口座付番などの別の目的でマイナンバーの提供を受け直す必要はありません。

　すなわち、個人情報保護法では、個人情報は、利用目的を特定して通知等してあれば、その利用目的の範囲内で利用することができるとされています（同法16条1項）。個人情報の取得や利用について、本人の同意は必要ありません。したがって、適法に保有している個人情報は、利用目的の範囲内であれば、自由に利用することができます。そして、利用目的に預貯金口座付番を追加することについて本人の同意が必要ないことは、第2章Q1で述べたとおりです。

　また、マイナンバー法では、預金口座付番の目的でマイナンバーを利用することができる旨の改正が行われています。したがって、本人の同意を得ることなく、すでに提供を受けて保管しているマイナンバーを、預貯金口座付番の目的でも利用することができるのです。

　なお、1回の告知で他の制度における告知も行ったこととする、あるいは税法上の帳簿を備えることにより告知等の義務を免れるためには一定の条件がありますので、金融機関の帳票やマイナンバーの管理体制は、これらの税法上の要件を満たす形で構築する必要があります。金融機関のマニュアルは、この点も踏まえて策定されているはずですので、実務的には自行のマニュアルに従うことが重要です。

45

Chapter.4

こんなときどうする？
ケース別対応法

Case 1 「何のためにマイナンバーが必要なのか」と聞かれた

● そもそもは行政手続で利用されるもの

　まず、告知が税法上の義務であること、あるいは金融機関の側で預貯金者等情報をマイナンバーで検索できる形で保存することが税法上の義務であることを伝えます（第3章の1。38ページ）。その上で、マイナンバー制度（社会保障・税番号制度）の目的を説明することになります。

　マイナンバー制度は、「社会保障・税番号制度」と呼ばれていることからも分かるとおり、社会保障、税、災害対策という3つの分野で利用されるものです。

　また、マイナンバー法の正式名称が「行政手続における特定の個人を識別するための番号の利用等に関する法律」であることからも分かるとおり、マイナンバーは「行政手続」で利用されるものです。民間企業が利用するものではありません。

　具体的には、複数の行政機関等に存在する情報が同一人の情報であることを確認するためにマイナンバーを利用します。これまでは、行政機関同士が情報のやりとりをする際に、氏名や住所などの情報で個人を特定してやりとりしていました。それぞれの行政機関が、住民票コード、基礎年金番号、健康保険被保険者番号など、別々の番号で情報を管理し

ていたため、番号で問い合わせることはできなかったのです。同姓同名がいたり、登録されている住所が行政機関ごとに異なっていたりするため、個人の特定に時間と労力を費やしていました。

　また、2007年に「消えた年金記録」の問題が発生した際、社会保険庁（当時）において5,000万件以上の年金記録が誰のものか分からなくなっていることが明らかになり、４年間で3,500億円をかけて名寄せを行うなど、各行政機関においても氏名・住所等による情報管理の限界があらわになっていました。

　そこで、すべての行政機関等で共通の番号を導入することとし、国民全員に番号を付番することにより、個人の特定を確実かつ迅速に行うことにしました。これがマイナンバー制度のそもそもの役割です。

● マイナンバーを提供するメリットを説明

　預貯金口座へのマイナンバー付番の目的の１つに、「預金保険機構等によるペイオフのための預貯金額の合算においてマイナンバーの利用を可能とすること」「社会保障制度における資力調査や税務調査でマイナンバーが付された預金情報を効率的に利用できるようにすること」があります。預金者にとっては、ペイオフ発動時にマイナンバーを利用して預貯金額を合算（名寄せ）できれば、円滑な払戻しにつながるというメリットがあります。また、激甚災害が発生した際にマイナンバーで預貯金を引き出せることになる予定です。

　さらに、所得をこれまでより正確に把握することは、きめ細やかな社会保障制度を設計し、公平・公正な社会を実現することにつながります。生活保護の不正受給などが社会問題化していますが、マイナンバー制度により、不正受給などを効率的に排除すると同時に、本当に社会保障制度を利用する必要がある人が迅速に利用できるようになるはずです。

Case 2 「自分のマイナンバーを教えてほしい」と言われた

● マイナンバー法上は禁止されているが…

　この場合の対応は、金融機関のマニュアルに厳格に従う必要があります。というのも、法的に難しい問題を含んでいるからです。

　まず、マイナンバー法では、マイナンバーの「提供」は、法令または条例の規定によりマイナンバーを利用した事務（個人番号関係事務）を行うとされた場合に、その事務を処理するために必要な限度で提供する場合などを除き禁止されています（マイナンバー法19条。「特定個人情報」には、マイナンバーも含まれる）。

マイナンバー法
（特定個人情報の提供の制限）
第19条　**何人も、次の各号のいずれかに該当する場合を除き、特定個人情報の提供をしてはならない。**…
二　個人番号関係事務実施者が個人番号関係事務を処理するために必要な限度で特定個人情報を提供するとき（第11号に規定する場合を除く）。
三　本人又はその代理人が個人番号利用事務等実施者に対し、当該本人の個人番号を含む特定個人情報を提供するとき。[以下略]

　ここでポイントになるのは、個人情報保護法で規制されているのが「第三者提供」であるため本人に提供することは規制の対象外であるのに対し、マイナンバー法で規制されているのは「提供」であるため、本人に対しての提供も禁止されていることです。つまり、法令または条例の規

Chapter.4　こんなときどうする？　ケース別対応法

定による事務のために必要がある場合などを除き、本人に対してであっても、金融機関からマイナンバーを提供することは禁止されているのです。

　もっとも、これには例外があります。

　個人情報保護法では、本人は、個人情報取扱事業者に対し、「あなたはどのような個人情報（保有個人データ）をもっているのですか」という開示請求ができるとされています（個人情報保護法28条）。この開示請求があった際に、それに応じることは、個人情報保護法の定めに従った提供であるため、当然にできると考えられています。

個人情報保護法

（開示）

第28条　**本人は、個人情報取扱事業者に対し、当該本人が識別される保有個人データの開示を請求することができる。**

　2　個人情報取扱事業者は、前項の規定による請求を受けたときは、本人に対し、政令で定める方法により、**遅滞なく、当該保有個人データを開示しなければならない。**［以下略］

　つまり、マイナンバー法上、本人にマイナンバーを提供することは原則として禁止されているが、本人が個人情報保護法に基づいた開示請求をしているのであれば、それに応じることはできる、というのが法的な整理です。

　そうなると、お客様が「自分のマイナンバーを教えてほしい」と言っているときに、それが個人情報護法の開示請求権を行使しているのかどうかを解釈しなければならないということになります。このようなことを現場で判断することは難しいと思われますので、金融機関のマニュアルに従って対応する必要があるということです。少なくとも、簡単に応じられるものではないということは、理解しておくことが大切です。

49

Case 3 「身元（実在）確認書類を忘れた。通知カードしかないが何とかしてほしい」と言われた

● 番号確認だけでは適法な取得にならない

マイナンバーの提供を受けるときに、本人確認をしなければならないことは第2章Q2で詳しく述べたとおりです（マイナンバー法16条）。そして、本人確認とは、①番号確認と②身元（実在）確認の2つから成ります。

マイナンバー法

（本人確認の措置）

第16条　個人番号利用事務等実施者は、第14条第1項の規定により**本人から個人番号の提供を受けるときは**、当該提供をする者から**個人番号カード**若しくは**通知カード**及び当該通知カードに記載された事項がその者に係るものであることを証するものとして**主務省令で定める書類の提示を受けること**又はこれらに代わるべきその者が本人であることを確認するための措置として政令で定める措置**をとらなければならない。**

したがって、お客様が身元（実在）確認書類を忘れてきたからといって、その提示を受けずにマイナンバーを受け取ることは、適法なマイナンバーの取得をしていないことになってしまいますので、認められません。マイナンバーカードならば1枚で①番号確認と②身元（実在）確認ができますが、通知カードだけでは、マイナンバー法上の本人確認ができないのです。

Chapter.4　こんなときどうする？　ケース別対応法

図表11　マイナンバー法上の本人確認書類

①番号確認	②身元（実在）確認
・個人番号カード（裏面）	・個人番号カード（表面）
・通知カード	・運転免許証、運転経歴証明書、パスポート、身体障害者手帳、精神障害者保健福祉手帳、療育手帳、在留カード、特別永住者証明書 ・官公署から発行・発給された、氏名、及び生年月日または住所が記載された写真付き身分証明書で、個人番号利用事務実施者が適当と認めるもの
・住民票の写しまたは住民票記載事項証明書（個人番号つき）	
（上記が困難なとき） ・官公署または個人番号利用事務実施者・個人番号関係事務実施者から発行・発給された書類その他これに類する書類であって個人番号利用事務実施者が適当と認める書類（ⅰ個人番号、ⅱ氏名、ⅲ生年月日または住所、が記載されているもの）	（上記が困難なとき） ・以下の書類を２つ以上 イ　公的医療保険の被保険者証、年金手帳、児童扶養手当証書、特別児童扶養手当証書 ロ　官公署または個人番号利用事務実施者・個人番号関係事務実施者から発行・発給された書類その他これに類する書類であって個人番号利用事務実施者が適当と認めるもの（ⅰ氏名、ⅱ生年月日または住所、が記載されているもの）

　また、税法上も、氏名・住所・マイナンバー等の告知を受ける際に確認しなければならない書類が決まっているケースがありますので、そのようなケースで身元確認書類の提示を受けないことは、税法上の義務違反になってしまいます。

　以上から、原則として、身元（実在）確認書類の提示を受けることができないのであれば、マイナンバーの提供を受けることもできません。

● 書類の追完^{（※7）}は認められる？

　もっとも、実務的には、一般に、書類の追完は認められます。

※7　一時的に必要な要件を欠いていても、あとで要件が補完されて有効となること。

51

例えば、郵送でマイナンバーの提供を受けた際に、封筒を開封したところ身元（実在）確認書類だけが同封されていなかったため、本人に電話したところ、「同封し忘れたので今からすぐに送る」と言われた場合はどうでしょうか。

　この場合、マイナンバーの提供を適法に受けていないから封筒の同封物をその場で廃棄しなければならない、ということにはなりません。後から身元（確認）書類が追完されることを前提に、それを待つ間は、一時的に手元に置いておいても、違法なマイナンバーの収集や保管になるとはいえないと考えられます。

　窓口でもこれと同様に、お客様が身元（実在）確認書類について、「今日は持っていないので、後日持参する」ということであれば、一時的にマイナンバーと番号確認書類の写しを預かっておくことは、マイナンバー法上、認められると解されます。

　もっとも、この場合には、本人確認を行っていない以上、法的にはマイナンバーの提供を受けたことになっていないはずですので、いわば一時預かりのような形で手元に置いておくことになると考えられます。

　法的に認められると解されるとはいっても、果たしてこのようなイレギュラーな事務処理をするのか、またその場合の安全管理措置をどのように講ずるのかなどの問題が生じます。一時的に預かるのか、お客様に持ち帰っていただき、後日きちんと書類を揃えて出し直してもらうのかなどは、金融機関のポリシーの問題といえます。自行のマニュアルに従いましょう。

Chapter.4 こんなときどうする？ ケース別対応法

Case 4 「通知カードが届いていない／なくした」と言われた

● 数パーセントの人には届いていない

「通知カードが届いていない」という方は、意外に多く存在します。通知カードは住民票の住所に郵送されますので、住民票の住所と実際の居住地が異なる場合には、届かないからです。少なくとも数パーセントの方は、通知カードが届いていないといわれています。

　また、簡易書留郵便で届いていますので、留置期間を経過してしまったケースや、世帯ごとに届いたために自分の通知カードが届いたことを知らないという方もいらっしゃいます。

「通知カードをなくした」というケースも、今後、時が経過するごとに増えていくと考えられます。また、学生さんなどで、「通知カードは実家に置いてきてしまって手元にない」というケースも考えられます。

　このような場合の対応は、いくつかあります。

　通知カードやマイナンバーカードをなくしたという場合は、地方公共団体情報システム機構が公表している次ページ・図表12の対応を案内するのがよいと考えられます。この案内は法的な義務というわけではありませんが、お客様対応として正しい対応といえるでしょう。

● 通知カード紛失でもマイナンバーカードは発行可能

　なお、マイナンバー法7条6項で、「通知カードの交付を受けている者は、当該通知カードを紛失したときは、直ちに、その旨を住所地市町村長に届け出なければならない」と義務づけられていますから、お客様は市町村に届け出る義務があります。

53

以上のとおり案内した上で、お客様が通知カードの再発行を受ければ、その通知カードの提示を受けることになります。また、通知カードを紛失した場合でも、通知カードの再発行ではなく、マイナンバーカードの発行を申請することもできるようになっていますので、マイナンバーカードの発行を受けていただき、その提示を受けることも考えられます。

　また、実務的には、「住民票の写しまたは住民票記載事項証明書であって、氏名、出生の年月日、男女の別、住所および個人番号が記載されたもの」も番号確認書類として認められる点が重要です。

　つまり、個人番号が記載された住民票の写しまたは住民票記載事項証明書の提示を受ければ、通知カードの再発行やマイナンバーカードの発行を経ることなく、番号確認をすることができるのです。

　お客様にこの旨をお知らせし、住民票の写しまたは住民票記載事項証明書を持参していただくという対応も考えられます。

図表12　紛失時の対応（地方公共団体情報システム機構公表）

通知カード紛失の場合

　警察に遺失届を出していただき、受理番号を控えてください。その後、お住まいの市区町村へ届け出をしていただき、通知カードの再発行のお手続きをおとりください。

マイナンバーカード紛失の場合

　マイナンバーカード機能停止のお手続きが必要となりますので、個人番号カードコールセンターへご連絡をお願いします。
　あわせて、警察に遺失届を出していただき、受理番号を控えてください。その後、お住まいの市区町村へ届け出をしていただき、マイナンバーカードの再発行のお手続きをおとりください。

Chapter.4　こんなときどうする？　ケース別対応法

Case 5 「マイナンバーを提出する必要があるなら口座開設しない」と言われた

● 告知義務がある場合は手続を進められない

　まず、第3章「マイナンバーの提供を断られたときの対応法」の1.
（38ページ～）で述べたお客様に対する説明をする必要があります。す
なわち、告知に法的な義務があるかどうかということ、あるいは金融機
関にマイナンバーをキーにして検索できるよう保管する税法上の義務が
あることなどを説明します。

　その上で、まず、告知義務がないケース（典型的には預貯金口座付番）
では、提供を求めた経緯等を記録・保存するなどし、単なる義務違反で
はないことを明確にしておきます（第3章の2.）。その上で、口座開設
などの手続はそのまま進めます。

　次に、告知義務はあるものの、マイナンバーの提供がないことのみを
もって手続自体を制約する規定がないケース（例えば、NISA、特定口座、
マル優・マル特の住所変更）では、再度の来店の際にマイナンバー等の
提供を依頼するなどし、住所変更等そのものは受け付けるなど、柔軟な
対応を行うことがむしろ求められます（Case 6 参照）。

　これに対し、告知義務があり、マイナンバーの提供が手続自体の前提
になっているケースでは、マイナンバーの提供なくして手続を進めるこ
とはできません。現状では、NISA、特定口座、マル優・マル特の口座
開設などがこれに当たります。このようなケースで、例えば大口預金者
のお客様から「マイナンバーを提出するなら既存の預金口座を解約する」
と言われたからといって、マイナンバーの提供を受けることなく口座開

55

設などの手続を進めることは、明確な税法違反となります。コンプライアンスの観点から重大な問題となり得ますので、注意が必要です。

このようなケースでは、お客様に税法上の前提となっており、法律上、口座開設などの手続を進めることができないことを丁寧に説明し、理解していただくほかないでしょう。

● 預貯金口座付番が義務となった場合の対応に注意

この点は、今後、預貯金口座付番が義務となった場合に、大きな問題になることが予想されます。

預貯金口座付番は、まずは新規に口座開設をするお客様からマイナンバーの提供を受ける事務が始まりますが、その後、既存の口座についても同様の作業を行う必要があります。その際、「マイナンバーを提出するなら解約する」と言われる可能性が出てきます。

告知義務がない現時点では、前述のとおり、金融機関にマイナンバーをキーにして検索できるよう保管する税法上の義務があることを説明した上で提供を求め、なおも提供を拒まれた場合には、提供を求めた経緯等を記録・保存するなどし、単なる義務違反でないことを明確にしておけばよいと考えられます。

ところが、2021年頃に告知義務が導入されることになると、告知義務を果たさないお客様に対してどのように対応するかが大きな問題になると予想されます。この点については、今後の法改正の動向、国税庁および金融庁の動向をフォローしていくことが必要でしょう。

Chapter.4　こんなときどうする？　ケース別対応法

Case 6　既存口座のあるお客様の住所変更の手続で「マイナンバーカード等を持っていない」と言われた

● 住所変更の手続自体を制約する規定はない

　税法上、マイナンバーの告知義務がある場合や、告知書の提出義務がある場合に、お客様がマイナンバーを告知等しないことは、お客様が税法上の義務違反をしていることになります。したがって、金融機関としては、マイナンバーの提供は法令で定められた義務であることを伝えて提供を求める必要があります。

　しかしながら、マイナンバーの提出がないことを理由に住所変更手続等が拒否されるという事例が生じていることが、近時、金融庁で問題視されています。

　NISA、特定口座、マル優・マル特の住所変更のように、法令上、お客様にはマイナンバーの告知義務があるものの、マイナンバーの提供がないことのみをもって手続自体を制約する規定がない場合があります（これに対し、口座開設の際には、マイナンバーの告知がなければ手続を進めることはできないことはCase 5で述べたとおりです）。

　この場合には、「金融機関が一律に当該住所変更手続等を拒否することは、顧客の利便性や金融機関における正確な顧客情報の把握等の観点から、望ましくない場合もあるものと考えられます」とするのが、金融庁の見解ですから注意が必要です。確かに、マイナンバーの提供をしないからという理由で住所変更を認めないのは、お客様の利便性を損なうという観点からはもちろん、顧客情報を正確に把握できないという観点からも、問題であるといえます。

57

このような問題意識を前提に、金融庁は、住所変更手続等においてお客様からマイナンバー等の提供を受けることができなかった場合であっても、「顧客の個々の事情に配慮して、例えば、再度の来店の際にマイナンバー等の提供を依頼するなどし、住所変更等そのものは受け付けるなど、柔軟な対応を行っていただきますよう、お願い致します」としています。

　以上のとおり、マイナンバーの提供を受けられなかった場合の対応は、告知義務があるかないかだけではなく、告知義務があるとしても、手続自体を制約する規定があるかないかについても考慮する必要があります。

　この区分を現場で判断することは困難であると思われますので、金融機関のマニュアルに従っていただくことになります。ただ、非常に簡単にいえば、NISA、特定口座、マル優・マル特などの「口座開設」についてはマイナンバーの告知がなければ行えませんが、「住所変更」などは行うことができる、と理解しておくとよいと思われます。

Chapter.4　こんなときどうする？　ケース別対応法

Case 7　マイナンバーの届出時、夫の代理人として妻が来店した

● 代理権の確認や代理人の身元確認が必要

　代理人であっても、マイナンバーの提供を受けることはできます。したがって、夫のマイナンバーを妻が提供することはできます。

　ただし、代理人経由でマイナンバーの提供を受ける際には、本人から提供を受ける場合とは本人確認書類が異なりますので、注意が必要です（図表13）。

図表13　代理人から提供を受ける際の確認書類

❶代理権の確認	❷本人の番号確認	❸代理人の身元（実在）確認
委任状等（法定代理人の場合には戸籍謄本その他その資格を証明する書類）	本人の個人番号カード、通知カード、住民票の写し（個人番号つき）等	代理人の運転免許証、パスポート等
（上記が困難なとき）官公署または個人番号利用事務実施者・個人番号関係事務実施者から本人に対し一に限り発行・発給された書類その他の代理権を証明するものとして個人番号利用事務実施者が適当と認める書類	（上記が困難なとき）官公署または個人番号利用事務実施者・個人番号関係事務実施者から発行・発給された書類その他これに類する書類であって個人番号利用事務実施者が適当と認める書類（ⅰ個人番号、ⅱ氏名、ⅲ生年月日または住所、が記載されているもの）	（上記が困難なとき）以下の書類を2つ以上 イ 公的医療保険の被保険者証、年金手帳、児童扶養手当証書、特別児童扶養手当証書 ロ 官公署または個人番号利用事務実施者・個人番号関係事務実施者から発行・発給された書類その他これに類する書類であって個人番号利用事務実施者が適当と認めるもの（ⅰ氏名、ⅱ生年月日または住所、が記載されているもの）

まず、①代理権の確認書類が必要です。典型的には「委任状」になりますが、委任状の提示が困難なときには、「個人番号利用事務実施者」すなわち国税庁が認めた書類で代理権を確認することもできます。

この点についての国税庁告示をみると、図表14の書類で代理権を確認することができるとされています。実務的には、本人（このケースでは夫）のマイナンバーカード、健康保険証などの提示を受ければ、代理権の確認を行うことができます。

また、②本人の番号確認書類は、夫のマイナンバーカード、通知カードなどの提示を受けることになります。

さらに、③代理人の身元（実在）確認書類も必要となります。ここで間違えやすいのは、本人の身元（実在）確認ではなく、代理人の身元（実在）確認である点です。

本人である夫ではなく、来店している妻の運転免許証などを確認することになりますので、注意してください。

図表14 代理権の確認に必要な書類（国税庁告示）

適当と認める書類	例
本人の署名および押印ならびに代理人の個人識別事項の記載および押印があるもの（税理士法第2条第1項の事務を行う者から個人番号の提供を受ける場合を除く。）	▶本人ならびに代理人の個人識別事項（氏名及び住所または生年月日）の記載および押印のある提出書類
個人番号カード、運転免許証、旅券その他官公署または個人番号利用事務等実施者から本人に対し一に限り発行され、または発給をされた書類その他これに類する書類であって、個人識別事項の記載があるもの（提示時において有効なものに限り、税理士法第2条第1項の事務を行う者から個人番号の提供を受ける場合を除く。）	▶本人しか持ち得ない書類の提出（例：個人番号カード、健康保険証）

Chapter.4　こんなときどうする？　ケース別対応法

Case 8　未成年者の新規口座開設で、親権者と子供が来店した

● 代理権の確認をどう行うか

　未成年者から親権者（法定代理人）を経由して個人番号の提供を受ける場合には、代理人から提供を受ける場合の本人確認措置が必要になります。

　詳細はCase 7で述べたとおりですが、未成年者の場合、代理権の確認はどのように行うべきでしょうか。

　マイナンバー法施行規則によれば、「戸籍謄本その他その資格を証明する書類」で行うとされています。したがって、戸籍謄本の提出を受ければよいことになりますが、センシティブ（機微）情報である本籍地が記載されていますので、できれば別の方法がよいように思われます。

「その他資格を証明する書類」としては、続柄が記載されている住民票の写しでもよいとされています。したがって、親権者（法定代理人）と子供の両方が記載されていて続柄が分かる住民票があれば、その写しを提出してもらうのがよいでしょう。

　また、住民票の写しの提出を受ければ、それで番号確認も行うことが可能になります。つまり、親権者（法定代理人）と子供の両方が記載されており続柄が分かる住民票で、子供の個人番号が記載されているものを持参してもらえれば、①本人の番号確認と、③代理権の確認が一度に終わることになります。

　以上をまとめると、実務的には、次ページ・図表15のいずれかの組み合わせがよいと考えられます。

61

図表15　未成年者の代理人から提供を受ける場合の確認書類

	①代理権の確認	②本人の番号確認	③代理人の身元（実在）確認
パターン1	住民票（続柄＋子供の個人番号あり）		親権者（法定代理人）の運転免許証、パスポート等
パターン2	住民票（続柄あり）	子供の通知カード、個人番号カード（裏面）	親権者（法定代理人）の運転免許証、パスポート等
パターン3	戸籍謄本	子供の通知カード、個人番号カード（裏面）	親権者（法定代理人）の運転免許証、パスポート等

Chapter.4 こんなときどうする？ ケース別対応法

Case 9 「海外に居住しているので マイナンバーがない」と言われた

● マイナンバー告知は不要

　マイナンバー法では、マイナンバーは、住民票を有する者全員に付番するとされています。マイナンバーの番号も、住民基本台帳の住民票コードを変換して生成しています。

　したがって、2015年10月に一斉に付番した際に海外に居住していて日本に住民票がなかった方には、マイナンバーは付番されていません。また、一旦マイナンバーを付番されたとしても、その後海外に転居して除票されると、マイナンバーは付番されません（要するに失効してしまいます）。ですから、「海外に居住しているのでマイナンバーがない」というのは、そのとおりということになります。

　では、このような場合、金融機関としてはどのような対応をすればよいでしょうか。

　答えはシンプルで、海外に居住しているお客様から、マイナンバーの提供を受ける必要はありません。告知義務を定めた税法でも、マイナンバーがない場合にはマイナンバーの告知をする必要がないと明確に定められています。

　この点は、条文を見れば簡単に理解できますので、例として所得税法224条の抜粋をご覧ください。次のとおり、氏名・住所・個人番号の告知を定めた条文に、個人番号を有しない者は氏名・住所のみの告知でよい、とされているのです。

所得税法
（利子、配当等の受領者の告知）
第224条　国内において第23条第1項（利子所得）又は第24条第1項（配当所得）に規定する利子等又は配当等…につき支払を受ける者…は、政令で定めるところにより、その利子等又は配当等につきその支払の確定する日までに、その者の**氏名又は名称、住所…及び個人番号又は…法人番号（個人番号又は法人番号…を有しない者…あっては、氏名又は名称及び住所…）を、その利子等又は配当等の支払をする者…に告知しなければならない。**［以下略］

　なお、海外に転居して除票されても、帰国して転入すれば、転居前と同じマイナンバーを利用することになり、番号は変わりません。

　また、現時点では、海外に転居することによってマイナンバーが失効してしまいますし、通知カード・マイナンバーカードは返納の義務がありますが（実際には「失効」のスタンプを押して返してくれる）、この点は将来改正することが検討されています。

　というのも、在外邦人の選挙権の行使や、行政サービスを受ける際に、マイナンバーとマイナンバーカードが非常に有効に利用できると考えられているからです。海外に在住していても、マイナンバーカードがあれば、電子的に選挙権が行使できるような時代が来るかもしれない、ということです。

Chapter.4　こんなときどうする？　ケース別対応法

Case 10　「マイナンバーが変わった」と言われた

● マイナンバーは変更されることがある

　マイナンバーは、原則として、生まれてから死ぬまで1つの番号を使い続けることになっています[8]。

　しかし、マイナンバー法7条2項は、「個人番号が漏えいして不正に用いられるおそれがあると認められるとき」には、本人からの請求または市町村長の職権によって、マイナンバーを変更することができるとされています。つまり、万が一マイナンバーが漏えいしてしまい、不正に用いられるおそれがある場合には、市区町村役場に行って申請すれば、マイナンバーを変更してもらえるのです。

　これは、マイナンバー法が、マイナンバーの漏えいを前提とした制度設計が行われていることを意味していますから、我々個人としては安心であるということができるでしょう。

　しかし、金融機関という立場から見ると、お客様のマイナンバーが変更される可能性があることを意味していますから、お客様からマイナンバーの変更があった旨の届出があった場合には、登録されているお客様のマイナンバーを変更する手続を用意しておかなければならないことになります。「マイナンバーは変更される場合もある」ということを覚えておき、そのような届出があった場合には、自行のマニュアルに従って受理し、処理するようにしましょう。

※8　厳密には、亡くなっても個人番号は有効であり続けます。

65

Chapter.5

法人取引における
法人番号取得のルールと注意点

1. 法人番号が必要な取引

● 預貯金口座付番は法人口座も対象

　法人番号が必要となる手続として、以下があります。

　法人の定期性預貯金は、源泉分離課税で終わることになる個人の預貯金と異なり、利子等の支払調書を提出するため、預貯金口座付番が始まる前から法人番号が必要とされていました。

法人顧客の法人番号が必要となる手続
・預金（普通・定期・当座など） ・投資信託・公共債など証券取引全般 ・外国送金（支払い・受け取り）など ・信託取引（金銭信託など）

　また、預貯金口座付番は、法人口座も対象となっています。以下のとおり、「預貯金者等の番号（個人番号又は法人番号をいう。）により検索することができるように管理しなければならない」とされているからです。

> **国税通則法**
> （預貯金者等情報の管理）
> 第74条の13の2　**金融機関等**（預金保険法…第2条第1項各号（定義）
> に掲げる者…をいう。）**は**、政令で定めるところにより、**預貯金者等情
> 報**（預貯金者等（預金保険法第2条第3項に規定する預金者等…をいう。）
> の氏名（法人については、名称）及び住所又は居所その他預貯金等（預
> 金保険法第2条第2項に規定する預金等…をいう。）の内容に関する事
> 項であって財務省令で定めるものをいう。）**を当該預貯金者等の番号**（…
> **個人番号又は…法人番号をいう。…）により検索することができる状態
> で管理しなければならない。**

　これまでの定期性預貯金だけではなく、全ての預貯金について、法人
番号で検索できる状態で管理しなければなりません。

● 法人番号がある者とない者

　法人番号は、会社のように設立の登記をしている「設立登記法人」だ
けではなく、設立の登記をしていない法人、あるいは法人格がない社団
であっても「給与支払事務所開設届出」などを提出している団体であれ
ば指定されています。
　これに対し、組合や個人事業主などは、指定対象外になっています。
つまり、個人事業主は、法人番号ではなくマイナンバー（個人番号）の
告知をすることになりますから注意が必要です。
　法人番号の指定対象の範囲については、次ページ図表16のとおりです。

図表16 法人番号の指定対象法人のイメージ

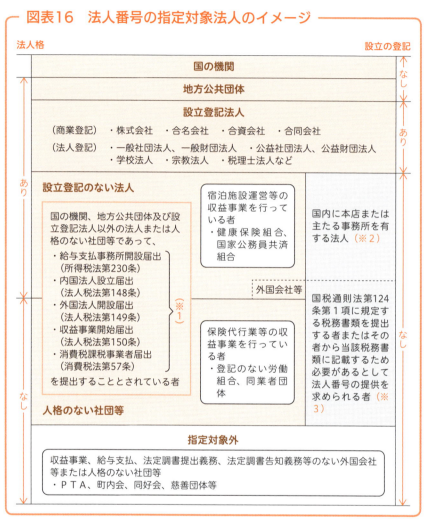

　　　部分は、特段、届出手続等を要することなく国税庁長官が指定（法39①）。
　　　部分は、上記要件（※2、※3）に該当する法人等が、国税庁長官に届け出ることにより指定（法39②）。

（※1） 税法上の特定の届出書
（※2） ・土地改良区
　　　　・水害予防組合
　　　　・親会社から職員が派遣されている健康保険組合
（※3） ボランティアで運営される人格のない社団が、出版物を発行し原稿料やデザイン料を支払うケース

Chapter.5　法人取引における法人番号取得のルールと注意点

2. 法人番号の本人確認書類とは

● 税法上は本人確認書類が必要

　法人番号は、マイナンバー法上は取扱いに対する規制がまったくありません。利用も提供も自由にできますし、提供を受ける際に本人確認をする必要もありません。

　ただし、金融機関が法人番号を取り扱う取引においては、税法上、法人に、法人番号の告知義務があるケースがあるので注意が必要です。例えば、所得税法224条は以下のとおり規定しています。

> **所得税法**
> （利子、配当等の受領者の告知）
> 第224条　国内において第23条第1項（利子所得）又は第24条第1項（配当所得）に規定する利子等又は配当等…につき支払を受ける者…は、政令で定めるところにより、その利子等又は配当等につきその支払の確定する日までに、その者の**氏名又は名称、住所**…及び個人番号又は…**法人番号**（個人番号又は法人番号…を有しない者…あつては、氏名又は名称及び住所…）**を、その利子等又は配当等の支払をする者…に告知しなければならない。**［以下略］

　そして、このような場合には、税法上の本人確認書類が必要とされています。

> **所得税法施行令**
> （告知に係る住民票の写しその他の書類の提示等）
> 第337条　前条第1項に規定する利子等又は配当等につき支払を受ける

69

者は、同項から同条第３項までの規定による告知をする際、当該告知をする貯蓄取扱機関等の営業所の長に、**次項に規定する書類を提示し、又は署名用電子証明書等を送信し**なければならない。

２　法第224条第１項（利子、配当等の受領者の告知）に規定する政令で定める書類は、次の各号に掲げる者の区分に応じ当該各号に定めるいずれかの書類とする。

一　個人　当該個人の住民票の写し、行政手続における特定の個人を識別するための番号の利用等に関する法律第２条第７項（定義）に規定する個人番号カードその他の財務省令で定める書類

二　法人　当該法人の設立の登記に係る登記事項証明書、行政手続における特定の個人を識別するための番号の利用等に関する法律施行令…第38条（法人番号の通知）の規定による通知に係る書面その他の財務省令で定める書類 ［以下略］

　つまり、マイナンバー法では、法人番号については本人確認は必要ないとされていますが、税法上は、法人番号を告知する際には、個人番号の告知と同じように、本人確認書類を提示しなければならないとされているのです。法人番号の本人確認書類は、図表17のとおりです。

　まず、①「法人番号通知書」のうち、提示前６カ月以内に作成されたものであれば、それだけで問題ありません。法人番号通知書とは、国税庁から各法人等に送付されてきた通知書のことをいいます。

　しかしながら、マイナンバー制度ができて一斉に法人番号通知書が送付されてから優に６カ月以上が経過していますので、新規に設立登記等した法人でない限り、この書類の提示を受けることはできないことになります。したがって、実務的には②か③のいずれかで対応するケースが多くなります。

　②は、６カ月以上が経過してしまった「法人番号通知書」と、「法人確認書類」を組み合わせる方法です。ここでいう「法人確認書類」とは、登記事項証明（６カ月以内）または、国税もしくは地方税の領収証書、

Chapter.5　法人取引における法人番号取得のルールと注意点

図表17　法人番号の本人確認書類

❶	法人番号通知書（提示前6カ月以内に作成されたもの）	
❷	法人番号通知書（上記①以外）　＋	「法人確認書類」 ・登記事項証明書（6カ月以内） ・国税もしくは地方税の領収証書、納税証明書または社会保険料の領収証書（6カ月以内）
❸	「法人番号印刷書類」 ・当該法人の名称、本店または主たる事務所の所在地及び法人番号を電子情報処理組織（国税庁の使用に係る電子計算機［中略］と当該法人の使用に係る電子計算機とを電気通信回線で接続した電子情報処理組織をいう。）に係る電子計算機を用いて出力することにより作成した書面（貯蓄取扱機関等の営業所の長に提示する日前6カ月以内に作成されたもの）　＋	「法人確認書類」 （上に同じ）

納税証明書または社会保険料の領収証書（6カ月以内）のことをいいます。

　③は、「法人番号印刷書類」と「法人確認書類」を組み合わせる方法です。「法人番号印刷書類」とは、「当該法人の名称、本店または主たる事務所の所在地及び法人番号を電子情報処理組織（国税庁の使用に係る電子計算機…と当該法人の使用に係る電子計算機とを電気通信回線で接続した電子情報処理組織をいう。）に係る電子計算機を用いて出力することにより作成した書面（貯蓄取扱機関等の営業所の長に提示する日前6カ月以内に作成されたもの）」のことをいいます。

　要するに、国税庁の「法人番号公表サイト」（http://www.houjin-bangou.nta.go.jp/）で法人番号を検索して、その画面をプリントアウ

71

トしたもののことです。

　ここで、実務的にあり得るのは、法人のお客様が口座開設などをする際に、「法人確認書類」である登記事項証明書は持参したものの、「法人番号通知書」も「法人番号印刷書類」も持参していないケースです。このような場合、法人番号は法人番号公表サイトですぐに検索できますから、金融機関側の端末で検索して、プリントアウトしてしまっても問題ないでしょうか。

　この点については、法令の文言は「電子情報処理組織（国税庁の使用に係る電子計算機…と当該法人の使用に係る電子計算機とを電気通信回線で接続した電子情報処理組織をいう。）に係る電子計算機を用いて出力することにより作成した書面」（所令81の6③一ハ）となっていますので、国税庁のウェブサイトと接続した「当該法人の使用に係る電子計算機」を用いて印刷したものでなければならないとされています。

　したがって、文言を厳密に解釈すれば、金融機関の端末でプリントアウトすると、この書面に該当しないことになります。しかしながら、例えば、窓口に来た法人のお客様の担当者が自社の法人番号を知らないため番号の提供を受けられないケースで、金融機関側で法人番号公表サイト上で番号を検索して書類に記載する旨の同意がお客様から得られた場合には、必ず法人番号の確認書類の提示を受けなければならないといった厳格な運用をするものではないともいわれています。

　このあたりをどのように運用するかは金融機関のポリシー次第ですので、自行のマニュアルに従うべきポイントでしょう。

Chapter.5　法人取引における法人番号取得のルールと注意点

法人番号公表サイト（国税庁）

3. 法人番号の告知義務と取扱い上の留意点

法人番号の告知義務

お客様から、「法人番号は、法人番号公表サイトで検索できるから、提供しなくてもよいのではないか」と言われた場合であっても、告知義務があるケースでは当該法人が法人番号を告知しなければなりません（告知義務がないケースの典型例は、預貯金口座付番です）。

告知義務がある場合に法人番号の提供を拒まれた場合の取扱いは、個人番号の場合と同様であると考えられます。

法人番号取扱い上の留意点

法人番号の情報管理はどのように考えればよいでしょうか。

法人番号そのものについては、マイナンバー法上、安全管理措置義務の対象外です。また、法人番号単体では個人情報にもあたりませんから、個人情報保護法の安全管理措置も対象外です。

しかしながら、法人の情報であっても、例えば、代表者の氏名や連絡先担当者の氏名が含まれているケースでは、個人情報保護法の安全管理措置の対象となりますから、その法人の情報全体としては個人データとしての安全管理措置を講じる必要があります。

また、法人顧客の情報については、それが個人情報であるかどうかにかかわらず、業法の体系（例えば、金融庁の「主要行等向けの総合的な監督指針」）において、情報漏えい等が発生した場合の報告態勢の整備が義務づけられているケースがありますから注意が必要です。

74

4. 法人番号の業務での活用

● 広がる情報公開の動き

　前述したとおり、法人番号には利用制限がありません。ですから、法人番号を業務に利用することは自由です。

　例えば、経済産業省が「法人インフォ」というウェブサイトの運用を始めました（http://hojin-info.go.jp/hojin/TopPage）。ここには、法人が政府より受けた補助金や表彰、許認可等の法人活動情報が一覧で掲載されています。

　融資候補先の企業について、前述の法人番号公表サイトで法人番号を検索した上で、法人インフォで検索すれば、過去の補助金や許認可、政府調達、特許・意匠・商標の情報などが一覧で出てきますので、当該企業の活動の一端がわかるかもしれません。また、行政処分なども法人番号付きで公表されるケースが出てきていますので、インターネットの検索サイトで法人番号をキーにして検索すれば、そのような情報も入手できる可能性があります。

　政府での法人番号を利用した情報公開は今後広がっていくことが予想されますので、業務に生かすことを検討する価値があるのではないでしょうか。

参考 法人インフォ（経済産業省）

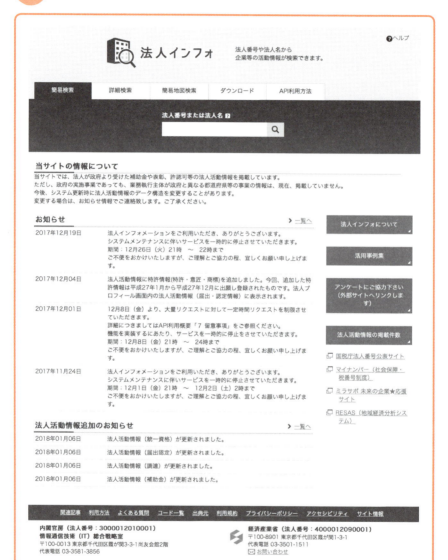

参考サイト

- **内閣府「社会保障・税番号制度」**
  http://www.cao.go.jp/bangouseido/

- **全国銀行協会「マイナンバーの届出にご協力ください」**
  https://www.zenginkyo.or.jp/article/tag-f/8188/

- **個人情報保護委員会**
  https://www.ppc.go.jp/

  「特定個人情報の適正な取扱いに関するガイドライン（事業者編）」、
  「（別冊）金融業務における特定個人情報の適正な取扱いに関するガイドライン」
  https://www.ppc.go.jp/legal/policy/

  個人情報保護法「金融関連分野ガイドライン」
  https://www.ppc.go.jp/personal/legal/guidelines/

- **マイナポータル**
  https://myna.go.jp/

参考文献

- **『これで安心！　個人情報保護・マイナンバー』**
  影島広泰（日本経済新聞出版社、2017年）

- **『改正マイナンバー法対応のための業務フローとチェックリスト』**
  影島広泰・藤村慎也（商事法務、2015年）

- **『番号利用法』**
  岡村久道（商事法務、2015年）

著者プロフィール

影島 広泰（かげしま・ひろやす）
牛島総合法律事務所　弁護士

一橋大学法学部卒業。2003年弁護士登録、牛島総合法律事務所入所。2013年に同事務所パートナーに就任。2015年、情報化推進国民会議本委員。"マイナンバー制度・個人情報保護法への実務対応"の第一人者として、企業法務に従事するほか、寄稿、講演・セミナーなど幅広く活躍。経済産業省、商工会議所から金融機関やシンクタンク、企業の主催まで、講演・セミナーは多岐にわたる。システム開発、リスクマネジメント、エンターテインメント分野の法的スキーム開発などにも携わる。

日本経済新聞社「企業が選ぶ弁護士ランキング」（2016年）の情報管理部門で、「企業が選ぶランキング」第2位。

主な著書に『新・個人情報保護法とマイナンバーの実務』（日本経済新聞出版社）、『平成29年5月施行 改正個人情報保護法の実務対応マニュアル』（大蔵財務協会）、『法律家・法務担当者のためのIT技術用語辞典』（商事法務）など。

預貯金口座付番に対応！
金融機関のマイナンバー取扱い実務

2018年3月27日　初版発行

著　者————影島 広泰

発行者————楠 真一郎

発行所————株式会社 近代セールス社
　　　　　　　http://www.kindai-sales.co.jp/
　　　　　　　〒164-8640　東京都中野区中央1-13-9
　　　　　　　電話：03-3366-5701
　　　　　　　FAX：03-3366-2706

編　集————吉川 令那

装　幀————ナカミツデザイン

印刷・製本——株式会社アド・ティーエフ

©2018 Hiroyasu Kageshima　　ISBN 978-4-7650-2091-6

本書の一部または全部を無断で複写・複製あるいは転載することは、法律で定められた
場合を除き著作権の侵害になります。